Hanuman

Eine Einführung

K. Parvathi Kumar

Hanuman

Eine Einführung

Edition Kulapati

Erste Auflage 2021

Bibliografische Information Der Deutschen Bibliothek
Die Deutsche Bibliothek verzeichnet diese Publikation in der Deutschen Nationalbibliografie; detaillierte bibliografische Daten sind im Internet über http://dnb.ddb.de abrufbar.

HANUMAN – EINE EINFÜHRUNG / K. Parvathi Kumar. –
1. Auflage – Münster : Edition Kulapati, 2021
Einheitssachtitel: HANUMAN – AN INTRODUCTION <dt.>
ISBN-13: 978-3-930637-83-6

Übersetzung, Lektorat und Produktion dieses Buches wurden durch das gemeinsame Bemühen von Personen realisiert, die sich dem Werk von Dr. K. Parvathi Kumar und dem World Teacher Trust verbunden fühlen.

Druck und Bindung: Fontfront, Roßdorf

Inhalt*

* Hinweis:
Sanskrit-Begriffe sind im Text kursiv geschrieben.
Die Vokale *â*, *î* und *û* sind immer lang zu betonen.
Š wird als palataler Zischlaut (Gaumenlaut, wie z. B. *Šiva*) zwischen „sch" (Zungenlaut = lingualer Zischlaut, wie z. B. *Vishnu*) und „s" (Zahnlaut = dentaler Zischlaut, wie z. B. *Sadguru*) gesprochen.
Titel von Büchern sind in Kapitälchen geschrieben.

Anmerkung für den Leser

Hanumân, Ânjaneya oder der Affengott, als der er allgemein bekannt ist, gehört zu den ältesten Wesen auf diesem Planeten. Während der lemurischen Zeit kam er herab und ist seither auf der Erde, um der Menschheit zu helfen. Im Laufe der verschiedenen Zeitzyklen und Menschheitsgruppen war er immer einer der wichtigsten Helfer des Göttlichen bei der Einführung des Gesetzes.

Hanumân half Lord *Râma,* als dieser im *Tretâ Yuga* herabkam. Auch den *Pândavas,* den Söhnen des Lichts, schenkte *Hanumân* seine Gegenwart. Er half ihnen, den großen *Mahâbhârata*-Krieg zu gewinnen und das Gesetz einzuführen.

Hanumân ist eine Verkörperung aller Weisheit. Egal welche Weisheitswissenschaft man aufzählt, er ist mit ihr vertraut. Die Verehrung *Hanumân* verleiht uns die notwendige Kraft, um das Göttliche zu erreichen.

Dieses Buch beschreibt ein paar Dimensionen von *Hanumân.* Sie wurden aus verschiedenen Lehren gesammelt, die Meister K. Parvathi Kumar in verschiedenen Vorträgen für die Gruppen im Osten und Westen gab.

Die Bedeutung und die Schlüssel der Verehrung von *Hanumân* werden aufgezeigt. In einfacher Sprache werden ein tiefes Verständnis von *Hanumân* und die Schlüssel vermittelt, um mit der Energie von *Hanumân* auf dem *Yoga*-Pfad zu arbeiten.

Möge *Hanumân* alle auf dem *Yoga*-Pfad segnen!

Der Herausgeber

1. Einführung

Der Mensch ist ein Mikrokosmos, während der Kosmos der Makrokosmos ist.

Im Altertum bedeutete das Studium der Weisheit, zu erfahren, wie der Kosmos entstand und wie der Mensch ins Dasein trat. Für den Menschen ist es unerlässlich, sich aus seinen lokalen Lebensbedingungen und aus seinem Bewusstsein als lokal verankertes Wesen zu erheben.

In diesem Zusammenhang ist die Beschäftigung mit solch tiefgehendem Wissen hilfreich. Wenn wir uns den Kosmos, die Galaxien und die entsprechenden Intelligenzen vorstellen, stören wir uns nicht so sehr an Belanglosigkeiten im weltlichen Leben. Solche Betrachtungen helfen uns, die Begrenzungen unserer lokalisierten Gedankenmuster zu durchbrechen und uns aus ihnen zu erheben.

In jüngster Zeit wurde solche Weisheit durch die Arbeit von Madame H. P. Blavatsky herausgegeben. Mithilfe der esoterischen Schlüssel konnte sie die Weisheit der Zeitzyklen, der großen Evolutionswellen und der Entwicklungsgeschichte des Menschen herausgeben.

Ihr epochales Werk DIE GEHEIMLEHRE ist in zwei Teilen verfasst: Kosmogenese und Anthropogenese. Madame Blavatsky präsentierte die alte Weisheit für unseren Zeitzyklus in einem neuen Licht. Durch Madame Alice A. Bailey kamen die Weisheit über das KOSMISCHE FEUER, die ABHANDLUNG ÜBER DIE SIEBEN STRAHLEN und weitere Werke heraus. In diesen Werken wird kosmische Weisheit dargestellt. Es ist eine betrachtende Weisheit. Sie ist informativ im Sinne von „innerlich formend". Wer sich mit informativer Weisheit beschäftigt, baut in seinem Inneren eine Verbindung zur Weisheit auf und beginnt, den Kosmos innerlich wahrzunehmen. DIE GEHEIMLEHRE, die eine solche Weisheit präsentiert, wird als kosmische Schrift betrachtet.

In ähnlicher Weise spricht auch *Šrî* Aurobindo von der universalen Weisheit. Sein Meisterwerk SAVITRI ist die Schrift des 20. Jahrhunderts. In Zukunft wird sie mehr als kosmische Schrift verstanden werden.

Die Geschichte von *Hanumân** muss im Licht dieser Weisheit verstanden werden, die

* Anmerkung: ausgesprochen als „Ha-nu-maan"

von den Meistern herausgegeben wurde. Ein solches Wissen ist nur durch die esoterischen Schlüssel mit einem Meister der Weisheit zugänglich.

Die Weisheit und der Meister – beide sind gleich wichtig. Ohne den Meister wird die Weisheit nicht verkörpert. Doch Menschen mit geringerem Verständnis entwickeln immer einen Verehrungskult um einen Meister und bauen ein System um ihn auf, ohne mit der Weisheit zu arbeiten. Der Meister ist der Meisterschlüssel. Durch alle Weisheitslehren führt er uns zum Göttlichen, der eigentlichen Quelle der universalen Weisheit.

Ein Magnet ist sichtbar, nicht der Magnetismus. Aber der Magnetismus wirkt durch den Magneten. Elektrizität ist überall, aber erst durch das Licht in einer Glühlampe kann man sie sehen. Die Glühlampe leuchtet nur, weil Elektrizität fließt. Durch einen Meister wird die Weisheit vom nicht Wahrnehmbaren zum Wahrnehmbaren gebracht. Ohne die Glühlampe können wir die Elektrizität nicht wahrnehmen. Genauso wie ein Magnet vermittelt der Meister die kosmische Gegenwart durch sich selbst. Wenn wir nicht auf den

Magnetismus, sondern nur auf den Magneten achten, erschaffen wir Religionen. Im anderen Fall haben wir eine Gelegenheit, uns mit der universalen Weisheit zu beschäftigen, die durch die Meister kommt und uns zur kosmischen Gegenwart führt.

2. Das Alter von *Hanumân* und den Evolutionswellen der Menschheit

Die Geschichte des RAMAYANA enthält die Geschichte von drei Entwicklungswellen der Menschheit, die kein typischer Gelehrter beschreiben kann. Die *Kâma-Rûpas,* das heißt die Affen-Gestalten, stammen aus der lemurischen Zeit. *Râvana* und seine Sippe gehören zur atlantischen Zeit und Lord *Râma* zur nachatlantischen, indoeuropäischen Zeit. Das RAMAYANA-Epos umfasst drei Wellen der Menschheitsgeschichte, die sich alle in verschiedenen *Manvantaras,* aber auf einer Grundlage entwickelten. Nur wer mit den esoterischen Schlüsseln vertraut ist, kann dies erklären.

Madame Blavatsky konnte dies alles sehen und in Worte fassen, weil sie sich nach innen wenden konnte. Dabei wurde sie von einem der größten Meister der Weisheit, zu dem sie ein unerschütterliches Vertrauen besaß, in großartiger Weise unterstützt. Sie erlebte zahlreiche innere und äußere Abenteuer. Alles, was wahr und wertvoll ist, bewahrte sie, aber sie zerstörte das Unwahre. Einmal sagte sie: „Bis jetzt habe ich noch keinen *Brahmanen*-Gelehrten getroffen, der die wahre Bedeutung des RAMAYANA kennt." Beim Lesen solcher Sätze würde sich ein typischer *Brahmane* gekränkt fühlen, weil er zu wissen glaubt. Er hält Vorträge und erzählt so viele Dinge über diese Schrift, jedoch ohne zu wissen, was sie eigentlich bedeutet!

Am Beginn einer Entwicklungswelle der Menschheit steht eine ursprüngliche menschliche Spezies. Schon auf dem Höhepunkt einer Welle setzt die Entwicklung der nächsten Welle ein. Sie ist die gleiche Frucht, die durch ein anderes Saatgut hervorkommt. Die Persönlichkeit, die Form, die äußere Erscheinungsform mag neu sein, aber als Seelen haben wir dieselben Identitäten. Im Lauf der Evolution haben wir unterschiedliche Formen erhalten. Es ist genauso, als würden wir andere Kleidung anziehen. Auch nachdem wir sie gewechselt haben, sind wir dieselben geblieben.

Unsere Identität bleibt dieselbe. Die Persönlichkeit ist die Kleidung der Seele und sie wird gebraucht, damit die Seele Erfahrungen machen und sich entwickeln kann. Ohne die

Persönlichkeit hat die Seele keine Möglichkeit, Erfahrungen zu machen.

Gegenwärtig entwickelt sich die fünfte, die indoeuropäische Welle der Menschheit. Während der ersten drei Entwicklungswellen wurde die Form von der Seele bis zur Vollkommenheit entwickelt und in der vierten Welle war sie vollendet. In der fünften Entwicklungswelle findet eine neue Entwicklung statt. Der Planet Erde existiert seit 30 Millionen Jahren. Bisher erlebte er sechs Umwandlungen. Kontinente, die früher vom Wasser bedeckt waren, tauchten auf. Was wir heute als den Pazifischen Ozean kennen, war einst ein riesiger Kontinent. Ebenso gab es auch Atlantis. Und es gab eine Zeit, in der Europa noch nicht existierte. In der Natur verändert sich alles fortwährend. Die Geschichte des Menschen auf dieser Erde ist 18 Millionen Jahre alt.

Die erste Welle der Menschheit sind die Schweißgeborenen. Dies war das Anfangsstadium, das man als *Swetha Dwîpa* kennt. Jene Menschen waren die Bewohner der „Weißen Insel". In der zweiten Welle kamen die zweifachen Wesen hervor. Sie waren aus dem Ei geborene, androgyne Menschen. Diese Welle ist als hyperboräische Gruppe der Menschheit bekannt. In der dritten Welle fanden drei Entwicklungsstadien statt. Im ersten Stadium gab es im höheren Kehl-Zentrum eine Aufteilung in Links und Rechts, im zweiten Stadium entwickelten sich die zwei Geschlechter, im dritten Stadium entwickelten sich die zweifachen Wesen zu voneinander getrennten Menschen. Die dritte Welle der Menschheit ist als die lemurische, die vierte als die atlantische und die gegenwärtige fünfte ist als die indoeuropäische Welle bekannt.

Hanumân gehört zur lemurischen Welle. Die Lemurer sind allesamt unsterbliche Wesen. Wenn sie wollen, können sie sich manifestieren, und wenn sie ihre Form wieder auflösen wollen, können sie das auch. Für sie gibt es keinen Tod. In der lemurischen Zeit kannte man keinen Tod, denn die Menschen bestanden nur aus den drei Aspekten *Sat, Chit* und *Ananda*. Da sie zur dritten ursprünglichen Menschheitsgruppe gehören, haben sie drei Eigenschaften: Sie existieren, sie wissen, dass sie existieren und sie sind von Glückseligkeit erfüllt. Lemurer besitzen alle Kräfte. Der dreifache Aspekt von *Sat, Chit* und

Ananda war der Status der Menschen im lemurischen Zeitalter.

In der atlantischen Zeit wandten sie sich dem vierten Prinzip zu – dem eigenen Willen, dem eigenen Verlangen und heute haben auch wir das gleiche Prinzip in uns. Damals sagte der Schöpfer zu dem Menschen, den er erschaffen hatte: „Du weißt alles, du kennst die Wahrheit, somit kannst du tun, was du möchtest." Und so begannen die Menschen am Ende der dritten und am Anfang der vierten Entwicklungswelle den Willen zu benutzen. Manche setzten den Willen zu ihrem eigenen Vorteil ein und manche verwendeten ihn zugunsten anderer. Jene, die ihn für sich selbst nutzten, werden von *Râvana* und seiner Sippe dargestellt. Durch ihr eigenes Verhalten vernichteten sie sich schließlich selbst.

Hanumân gehört zum lemurischen Zeitalter. Er lebte lange vor den Atlantiern. Obwohl er in der Zeit von *Râma* in Erscheinung trat, existierte er schon lange vorher. In der lemurischen Zeit waren alle Menschen *Kâma-Rûpas*. Alle Wesen, die im RAMAYANA als Affen beschrieben werden, waren *Kâma-Rûpas*, vor allem die großen und wichtigen, die *Mahâviras*.

Kâma-Rûpa bedeutet, dass sie mithilfe des *Yoga* jede Gestalt annehmen konnten. Sie waren *Vânaras*, das heißt *Vishishta Naras*, die besonderen unter den *Naras*. *Naras* sind unzerstörbare Wesen. Genau das wollen die Menschen unserer Zeit erreichen. Sie möchten einen Lichtkörper haben und jede Gestalt annehmen können, die gerade benötigt wird.

Die Lemurer lebten in einem riesigen Land. Was wir heute den Indischen Ozean nennen, war zu damaliger Zeit ein weites Land. Der Pazifische und der Indische Ozean waren Teil des lemurischen Landes. Dazu gehörten Kalifornien, der ganze westliche Teil der USA, Mexiko usw. Deshalb ist Kalifornien, genauso wie Indien, eins der ältesten Länder. Auch heute noch sind die lemurischen Energien in Indien lebendig.

Lemurien verfügt über alle Möglichkeiten, alle Potentiale, alle Kräfte, weil es die manifestierte *Rudra*-Energie ist. Im RAMAYANA wird von dem Krieg zwischen den atlantischen und indoeuropäischen Wesen erzählt, den die Indoeuropäer mithilfe der Lemurer gegen die Atlantier gewannen. In diesem Epos treffen drei Entwicklungswellen der Menschheit aufeinander. Die dritte und die fünfte Welle kamen zusammen, um die Verfehlungen der vierten Welle zu überwinden. *Hanumân* kommt aus der dritten Welle der Menschheit, *Râma* war ein Indoeuropäer und entstammt der fünften Welle, während *Râvana* ein Atlantier aus der vierten Entwicklungswelle war.

Wo heute der Atlantische Ozean liegt, war früher das riesige Land Atlantis. Es erstreckte sich bis zum Indischen Ozean. In jenem Teil der Erde gab es eine großartige Zivilisation. Auf der anderen Seite gehörte auch Amerika zu Atlantis, ebenso einige Grenzregionen von Europa, z. B. Spanien.

Als Atlantis im Wasser versank, durchlebte diese Erde viele Veränderungen. Das Wasser und das Festland sind auf dem Erdglobus in unserer Zeit anders angeordnet als damals. In den Tagen von Atlantis gab es Europa noch nicht. Europa entstand erst relativ spät.

In der Zeit von Atlantis waren die Menschen sehr mächtig. Sie wussten alles über den Klang, waren mit der Magie vertraut und konnten aufbauen, zerstören und waren sogar imstande, Berge zu versetzen. Damals besaßen die Menschen alle Macht, weil sie den

Klangschlüssel hatten. Sie konnten fliegen, ihre Gestalt verändern, wenn sie das wollten, sie hatten die Kraft, Dinge zu manifestieren und sie waren mit der Magie vertraut. Diese Energie ist *Asura Maya,* eine diabolische Energie. Dies war das Reich der *Maya,* das wir heute als Mexiko kennen.

Der westliche Teil der Erdkugel enthält immer noch die atlantische Energie und der östliche Teil hat lemurische und nach-atlantische Energien. Aus diesem Grund ist der Westen immer schnell zu Aggression und zur Besetzung fremden Eigentums bereit. Die ganze Geschichte der Kolonisierung durch Engländer, Spanier, Franzosen, Deutsche, Niederländer und Portugiesen, die versuchten, sich in jedem Teil der Erde auszubreiten, ist eine Spiegelung der atlantischen Energie. Eine solche expansionistische Einstellung kommt eher aus dem Westen als aus dem Osten. Die lemurische Energie ist anders. Als Indien seine Blütezeit erlebte, kam nie der Gedanke auf, die Länder anderer Nationen zu besetzen.

Etwas zu manifestieren, ist die atlantische Neigung. Im Westen möchten die Menschen alles manifestieren. Sie sind von materiellen

Dingen sehr stark in Anspruch genommen. Im Osten ist der Gedanke, alles zu manifestieren, nicht so stark ausgeprägt. Die *Rishis* des Ostens sagen: „Manifestiere, wenn es notwendig ist, und löse auf, wenn es nicht mehr gebraucht wird."

Der östliche Weg steht unter dem Einfluss von Lemurien, das von Weisheit erfüllt ist. Es ist die Weisheit vom Leben auf der ätherischen Ebene. Wir können auf der subtilen Ebene leben. Wenn wir wollen, können wir etwas erbauen, und wenn wir es nicht mehr wollen, können wir es auflösen. Im RAMAYANA gibt es eine Geschichte von *Rishi Bharadwâja*. Alle *Rishis* wie *Agastya* und *Bharadwâja* kamen während der dritten und vierten Entwicklungswelle der Menschheit herunter.

Im RAMAYANA wird erzählt, dass *Râma* zusammen mit seiner Frau *Sîtâ* und seinem Bruder *Lakshmana* zum *Ashram* von *Bharadwâja* kam. Fast alle Einwohner von *Ayodhyâ* waren ihm gefolgt, weil sie nicht ohne *Râma* in *Ayodhyâ* bleiben wollten. In jener Nacht wollten sie bei *Râma* sein. Als es Abend wurde, sagte *Râma*: „Was kann ich für diese vielen Menschen tun, sodass sie sich im Wald wohlfühlen? Ich bin der König und von mir wird erwartet, dass ich sie beschütze und mich um sie kümmere." *Bharadwâja* sagte: „Mach dir keine Sorgen. Ich werde das für dich erledigen." Und mit der Kraft des Klangs erschuf er sogleich komfortable Einrichtungen, die sogar noch die Annehmlichkeiten von *Ayodhyâ* übertrafen. Alle Menschen wohnten genau so, als wenn sie in ihrem eigenen Haus wären, jedoch mit sehr viel mehr Komfort. Drei Tage und drei Nächte gewährte *Bharadwâja* allen Anwesenden seine Gastfreundschaft. Danach bat *Râma* die Bürger von *Ayodhyâ* zurückzukehren. Nachdem sie ihre Heimreise angetreten hatten, löste *Maharshi Bharadwâja* mithilfe seiner Kraft alles, was er manifestiert hatte, wieder auf. Diese Begebenheit zeigt, wie man Klang und Magie in richtiger Weise benutzt. Das heißt, man sollte manifestieren, wenn es notwendig ist, und auflösen, wenn das Manifestierte seinen Zweck erfüllt hat. Das ist Weisheit.

Unter den Atlantiern gab es einige, die diese Kräfte für das Gemeinwohl nutzten. Und es gab andere, die ihre Macht zu ihrem eigenen Vorteil einsetzten. Das war in jener

Zeit, als Kämpfe zwischen den göttlichen und diabolischen Wesen (*Deva-Dânava Yuddhas*) stattfanden. So berichten es die *Purânen*. Die Kraft der nachatlantischen Menschen war das *Dharma* und die Kraft der Atlantier war die Macht der Magie. Solche Magie, die nicht auf dem *Dharma* als Grundlage beruht, ist *Asura Maya*, eine diabolische Energie. Nach diesem Kampf gab es mit der nachatlantischen Welle der Menschheit einen Neuanfang.

Die Edleren unter den Atlantiern gingen in den *Himâlaya* und begannen dort eine neue Zivilisation, die indoeuropäische Zivilisation. Die Wiege der indoeuropäischen Menschheit ist der *Himâlaya*. Wir gehören alle zur indoeuropäischen Gruppe. Alle Menschen in Europa (das ursprünglich *Aryopa* heißt), im Iran, Irak usw. sind Teil der indoeuropäischen Kultur. Auch die Inder gehören dazu. Heute besteht die Menschheit hauptsächlich aus Indoeuropäern mit unterschiedlichen Abstufungen im Bewusstsein.

Hanumân, der *Sadguru*, kam in der lemurischen Zeit herab und blieb auf der Erde. Zum Nutzen der Menschheit blieb er auf dem Planeten. Er stammt aus längst vergangenen

Zeiten. Seine Geschichte umfasst die Arbeit mit der atlantischen und nachatlantischen Menschheitswelle. Sie zeigt die unermessliche Größe seiner Arbeit.

3. *Hanumân*

Alle göttlichen Wesen bzw. *Devas* wie *Ganesha, Kumâra, Dattâtreya* und *Hanumân* inkarnierten in der lemurischen Zeit auf unserer Erde und sie leben bis heute auf diesem Planeten. Das sind nicht nur Geschichten. Jene Wesen, von denen die *Purânen* berichten, gehören zur lemurischen Zeit. *Hanumân,* der als Affengott bekannt ist, gehört zu den Ältesten, die seit lemurischen Zeiten auf der Erde leben.

Hanumân trägt die Energie aller sieben *Maruths* in sich. Deshalb wird er *Mâruti** genannt. Er ist sehr präsent auf der Erde und er hat sich dafür entschieden, auf der Erde zu bleiben, um den irdischen Wesen zu helfen.

Sein eigentlicher Name ist *Mâruti* und der Titel, der ihm gegeben wurde, ist *Hanumân*. *Mâruti* ist sein ursprünglicher, spiritueller Name. Obwohl die meistens Menschen ihn als Affengott kennen, ist er in Wirklichkeit kein Affe. Er ist ein *Kâma Rûpa,* das heißt, er kann jede Gestalt annehmen, die er möchte.

* Anmerkung: Betonung „Maa-ru-ti"

Einfach um die Kinder zu erfreuen, beschloss er, sich in der Form eines Affen zu zeigen. Er hat viele Gestalten. Im RAMAYANA wird berichtet, dass er bei seiner ersten Begegnung mit Lord *Râma* als sehr reiner, strahlender *vedischer Brahmane* erschien. Aber Leuten wie uns zeigt er sich als Affe, weil wir in unseren Gedanken so unbeständig sind.

Mâruti beschloss, während der dritten Entwicklungswelle der Menschheit herabzukommen, als auch die Söhne des Willens erschienen. Sie werden die Söhne des *Yoga* oder die kosmischen Gottessöhne genannt. Ein paar von ihnen kamen in jener Zeit herab, um der Menschheit zu helfen. Hier erweist sich DIE GEHEIMLEHRE als große Hilfe, um fast alle heiligen Schriften unseres Planeten zu verstehen. Mithilfe der esoterischen Schlüssel konnte Madame Blavatsky diese Weisheit herausgeben.

4. *Hanumâns* Geburt

Mâruti wurde von *Anjanâ Devi* geboren. *Anjanâ* bedeutet „die Schwarzäugige". Ihre Augen funkelten lichterfüllt und ihr Augapfel war tiefschwarz. Ihre Augen waren von einem natürlichen, schönen und leuchtenden Schwarz umrandet. In Indien legen die Frauen mit einem Baumwolldocht eine spezielle Zubereitung aus schwarzer Paste auf, die aus gebranntem Rizinusöl besteht. Die Paste wird äußerlich aufgetragen, um die Augen noch schöner erscheinen zu lassen. Doch *Anjanâ* hatte diese Färbung von Natur aus. Sie war eine schöne Frau.

Anjanâ wurde mit *Kesarî*, einem großen Verehrer und Bewunderer von Lord *Šiva*, verheiratet. *Kesarî* ist ein Sanskritwort und bedeutet „Löwe". Er wurde Löwe genannt, weil er das goldene Licht der Löwe-Qualität in sich trug. Alle Namen, die in den Schriften auftauchen, haben eine Bedeutung. Genauso wie *Anjanâ* durch ihre Augen war auch *Kesarî* aufgrund seiner goldenen Farbe sehr anziehend.

Anjanâ war so anziehend, dass die kosmische Intelligenz *Vâyu* ihr überaus wohlgesonnen war. *Vâyu* ist der Ursprung der *Maruths*. Über *Vâyu* (die Luft) kamen die *Maruths* als luftige Feuer von *Rudra* herab. *Maruths* sind die Winde. *Hanumâns* Vater stand unter dem Segen von *Šiva* (*Rudra*), dem kosmischen Willen und seine Mutter war durch die kosmische Intelligenz *Vâyu* (die Luft) gesegnet. Dann empfingen *Anjanâ* und *Kesarî* ein Baby.

Durch den Segen von *Rudra* und *Vâyu* war der Junge eine Kombination der Energien von *Rudra* und *Vâyu*. Zudem hatte er die goldene Farbe des Vaters und die schwarzen, schönen Augen der Mutter. Dieses Baby wuchs im Mutterleib von *Anjanâ* heran. Es kann als Wiedergeburt aller sieben *Maruths* auf unserem Planeten betrachtet werden und es kam, um der Menschheit zu helfen.

5. *Mâruti* und *Vali*

Während das Baby im Mutterleib von *Anjanâ Devi* heranwuchs, gab es ein anderes großes Wesen, das eine bestimmte Region im Pazifischen Ozean regierte. In jener Zeit waren die Andamanen, Singapur, Bali, Sumatra, Malaysia, Jakarta keine Inseln, sondern gehörten zu einem durchgehenden Festland. Was wir heute als Andaman kennen, hieß damals *Hanuman*. Jakarta hieß nicht Jakarta, wie wir es heute nennen, sondern es war *Yoga-Karta* und Bali hieß nicht Bali, sondern *Vali*. *V* und *B* sind austauschbare Konsonanten.

Vali war der König jener Region. *Anjanâ* und *Kesarî* waren bekannte Gefährten des Königs. Im König stieg der Verdacht auf, dass im Schoß von *Anjanâ* ein mächtiges Wesen heranwuchs. Deshalb wollte er das Baby töten, solange es noch im Mutterleib war. Was er dann tat, war schrecklich. Er ergriff *Anjanâ Devi* und goss geschmolzenes Gold in ihren Uterus.

Lächelnd empfing das Kind im Mutterleib das Gold als natürlichen Schutzschild. Weder ihm noch seiner Mutter konnte das geschmolzene Gold etwas anhaben. Auf diese Weise hatte *Hanumân* in seinem Inneren die goldene Aura seines Vaters und von außen war er von einem natürlichen goldenen Panzer umgeben, der von seinem Körper nicht abgelöst werden konnte. Sein Körper hatte eine goldene Farbe und sein innerstes Wesen war ebenfalls golden. Außerdem hatte er innen die Schwingungen von *Rudra, Vâyu* und den *Maruths*.

Mâruti wurde im Monat *Vaišâkha* geboren. Der Mond stand während der zehnten Mondphase in der Konstellation *Pûrva Bhâdra* und es war ein Samstagnachmittag. Da das Baby alle vereinten Energien der *Maruths* besaß, gaben ihm die Eltern den Namen *Mâruti*. Denn er hatte die Energien von *Rudra, Vâyu* und den *Maruths*. Seine Farbe war golden und er hatte eine gütige Wesensart.

König *Vali* fürchtete sich vor ihm, als er in die Welt kam. Ein König fürchtet immer jene Personen, die im Königreich größere Macht haben als er selbst. Da sein Vater am königlichen Hof lebte, spürte *Mâruti*, während er heranwuchs, dass der König ihm gegenüber immer argwöhnischer und ängstlicher wurde. Eines Tages sagte er zu *Vali*: „Mach dir keine Sorgen. Ich bin nicht dein Feind. Ich bin ein allgemeiner Wohltäter und ich bin hier, um den Menschen zu helfen und sie zu erleuchten. Ich zerstöre das Gesetz nicht, sondern ich bin ein ewiger Förderer des Gesetzes. Soweit du dich an das Gesetz hältst, brauchst du mich nicht zu fürchten. Ich werde auch dich unterstützen. Solltest du dich nicht an das Gesetz halten, werde ich nicht mit dir kämpfen, weil du mein König bist. Aber dann werde ich mich aus deinem Reich zurückziehen." Der König freute sich, dies zu hören und der Junge wuchs im Königreich von *Vali* heran.

6. *Mâruti* bekommt den Titel *Hanumân*

Aufgrund der Kräfte, die er besaß, war *Mâruti* voller Energie. Als er fünf Jahre alt war, sah er eines Morgens, wie die Sonne am Himmel aufging und er dachte, sie sei eine orange leuchtende Frucht. Sogleich sprang er mithilfe der Energien der *Maruths*, die er in sich trug, zur Sonne und verschluckte sie. Alles war wie bei einer totalen Sonnenfinsternis. Daraufhin schleuderte der himmlische König *Indra* seine himmlische Waffe *Vajra* gegen *Mâruti*. Sie traf ihn am Kiefer.

Mâruti wurde ohnmächtig und fiel zu Boden. Sein Vater war sehr unglücklich darüber, dass sein Sohn von *Indra* geschlagen worden war. Er betete für das Wohlergehen seines Sohnes. Da kam *Indra* zusammen mit *Rudra* und *Vâyu* und entschuldigte sich beim Vater. „Ich wusste nicht, dass dein Sohn imstande ist, den Sonnenball zu verschlucken", sagte er. „Um die Schöpfung zu retten, musste ich das tun. Mach dir keine Sorgen. Deinem Sohn wird nichts geschehen. Er ist ein großer Wohltäter."

Inzwischen war *Mâruti* zu sich gekommen und sagte: „Ich werde das Mal von dem Schlag auf den Kiefer als Erinnerung behalten.“ Aus diesem Grund hat er einen vorstehenden Kiefer. „Möge dieses Ereignis aufgezeichnet werden“, sagte er, „ich werde diese Form behalten.“ *Rudra,* der Erste Logos, verlieh ihm die Gabe, niemals zu sterben. Er sagte: „Dieser Junge wird nicht sterben. Er soll ein *Chiranjîvî* sein und ewig leben. Solange er möchte, kann er auf der Erde bleiben. Und er kann überall hingehen, wohin er will.“ Mithilfe von *Vâyu* kann er jede beliebige Gestalt annehmen. Seine jetzige Form bindet ihn nicht. Auch die *Kumâras* kamen und segneten ihn. Es war ein großes Ereignis auf dem Planeten.

Der Junge sagte: „Mich interessiert die Sonne. Ich möchte in ihrer Nähe sein und alles Wissen über das Universum erlernen. Für mich sieht es so aus, als sei die Sonne der beste Lehrer.“ Und er bewegte sich mit der Sonne am Himmel und lernte alle Weisheit. Somit kennt sich *Hanumân* gut in den vier *Veden* aus.

Dies alles sind Ereignisse aus der lemurischen Zeit. Heute klingen sie wie Märchen, aber damals waren solche Dinge an der Tagesordnung.

Wegen seines Abenteuers mit der Sonne bekam er spezielle Wangen und Kieferknochen (Sanskrit: हनु *hanu* und हनू *hanû*). Deshalb wird er *Hanumân* genannt und sah von nun an wie ein Affe aus!

Nachdem er erwachsen geworden war, vollbrachte er mit Unterstützung der *Maruths* viele übermenschliche Taten, von denen man im RAMAYANA lesen kann. *Hanumân* kann fliegen und er kann seine Gestalt verändern. Mithilfe der kosmischen Luft kann er riesengroß und winzig klein werden. Er kann Berge hochheben, Berge versetzen und er kann Weisheit lehren. In Bezug auf Willen, Wissen und intelligente Aktivität gibt es niemanden, der ihm gleichkommt. Viele großartige Dinge gibt es über ihn zu berichten.

Als der Herr in der Gestalt von *Râma*, dem *Avatâr*, herabkam, diente er ihm und unterstützte ihn. Ohne die Hilfe von *Hanumân* hätte der *Avatâr Râma* nicht alles verwirklichen können, was er vollbrachte.

Hanumân ist einer der Titel von *Mâruti*. Da er mit der Energie von *Rudra* bzw. *Shankara* geboren wurde, wird er auch *Shankara Tanaya* genannt, das bedeutet „aus *Shankara* geboren". Er ist *Vâyu Putra, Anjanâ Suta,* der Sohn von *Anjanâ Devi,* und wird somit als *Ânjaneya* verehrt. Als Sohn von *Kesarî* ist er *Kesarî Nandana*.

7. *Hanumân* und das RAMAYANA

In der Geschichte des RAMAYANA findet *Hanumân Sîtâ,* die auf einer Insel gefangen gehalten wird, und ermöglicht ihr, zu *Râma,* dem Herrn, zu gelangen. *Hanumân* ist der *Sadguru* und *Râma* ist das Göttliche. Es hat eine Bedeutung, dass *Sîtâ* vom Sohn der Luft befreit wird. *Hanumân* ist auch als *Vâyu Putra* bekannt.

Sîtâ steht für die individuelle Seele, die auf einer Insel gefangen gehalten wird. Wir alle sind auf den Inseln unserer eigenen Gedanken gefangen. Wir errichten unsere Begrenzungen, wir erbauen unsere eigene Welt innerhalb der Welt und unsere Welt ist von der eigentlichen Welt getrennt.

Sîtâ, die auf einer Insel gefangen gehalten wird, ist eine symbolische Darstellung der Absonderung vom ganzen Leben. Diese Absonderung wird durch das Verlangen verursacht. Später möchte *Sîtâ* sich mit Lord *Râma* erneut verbinden und beginnt zu kontemplieren. Daraufhin erscheint der Lehrer *Hanu-*

mân. Er ist der Sohn der Luft, das heißt, er ist die personifizierte Luft.

Wenn wir *Sîtâ* als die gefangene individuelle Seele (*Jîvâtma*) und *Râma* als die Überseele (*Paramâtma*) verstehen, dann ist *Hanumân* der Botschafter zwischen *Sîtâ* und *Râma*. Als Beauftragter von *Râma* geht er zu *Sîtâ* und informiert sie über *Râma*. Dann sammelt er Informationen über *Sîtâ* und überbringt diese an *Râma*. Das ist das Lehrer-Prinzip. *Hanumân* sorgt dafür, dass die Seele und die Überseele zusammenkommen. Dies ist ein bedeutungsvolles *Yoga*-Prinzip, das im RAMAYANA sehr schön dargestellt wird.

Das RAMAYANA ist ein Epos mit 24000 Versen. Es beschreibt die Geheimnisse des Universums und des Menschen. In sehr schöner und symbolischer Weise schildert es den Weg des Lichts. Wenn man die Symbolik versteht, kann dieses Epos eine wirkliche Befreiung vermitteln, sofern man im täglichen Leben die Prinzipien anwendet, die in der Schrift dargelegt werden. Das Epos umfasst 24000 Verse und zeigt somit eine Übereinstimmung mit der Zahl der *Gâyatrî*. Auch jeder einzelne Vers besteht aus 24 Silben. Das RAMAYANA enthält alle

Geheimnisse des *Yoga*. Die Insel *Lankâ*, die im RAMAYANA erwähnt wird, symbolisiert den Körper und die drei Brüder auf *Lankâ* verkörpern die drei Qualitäten:

1. *Râvana* steht für Dynamik (*Rajas*),
2. *Kumbhakarna* steht für Trägheit (*Tamas*) und
3. *Vibhîshana* steht für Ausgeglichenheit (*Sattva*).

Nur der Ausgeglichene kann aus *Lankâ* (dem Körper) entkommen, während die anderen beiden sich selbst auf *Lankâ* vernichten. Der Affengott *Hanumân* ist der *Sadguru*. Er betritt *Lankâ*, inspiriert die Seele (*Sîtâ*) und verlässt *Lankâ* (den Körper).

Ein *Sadguru* kann in den Körper seines Schülers eintreten und ihn inspirieren. Dies gehört zu den Fähigkeiten, die sich durch das Arbeiten mit der Luft entwickeln. Wenn der Schüler mit der Luft arbeitet, kommt die Gegenwart des *Sadgurus* aus dem Inneren hervor, führt die nötigen Korrekturen im Schüler durch und hilft ihm bei den erforderlichen Umwandlungen. Die Arbeit mit der Luft ermöglicht der individuellen Seele, die Universalseele zu erreichen. *Hanumân* ist hier das Lehrer-Prinzip. *Sundara Kânda*, das fünfte Buch im RAMAYANA, erzählt diese Geschichte in sehr schöner Form. Wir sind aufgefordert, dieses fünfte Buch des RAMAYANA intensiv zu lesen und zu studieren.

Das Festland wird durch *Ayodhyâ*, das Herzzentrum, dargestellt und die Insel, das abgesonderte Dasein, durch *Lankâ* bzw. das *Mûlâdhâra*. Die Seele hat sich auf Nebenwege begeben. *Sîtâ* ist die Seele. Weil sie sich das goldene Reh wünschte, wurde sie auf die Insel *Lankâ* entführt, die für das abgesonderte Dasein steht. Trennung ist das Ergebnis, wenn das Verlangen die Seele in ein abgesondertes Dasein entführt.

Die Seele fühlt die Qual der Trennung und die Unvernunft des Verlangens. Sie sehnt sich nach der Gemeinschaft mit Lord *Râma*. Yoga ist die Methode, durch die sich die individuelle Seele mit der Universalseele vereint. *Sîtâ* bemüht sich um die Wiedervereinigung mit der Universalseele *Râma*. Sie geht in tiefe Kontemplation und findet langsam aus der Versklavung durch die Materie heraus. Für einen *Yoga*-Schüler läuft das äußere Leben mechanisch ab. Es ist keine große Sache, denn es benötigt nur ein paar Annehmlichkeiten und Nahrung. Das innere Leben erfordert, dass wir nach innen schauen. Ihr äußeres

Leben hatte *Sîtâ* sehr vereinfacht. Sie trug keinen Schmuck, achtete nicht besonders auf ihre Ernährung und hatte keine Freude daran, den Körper zu pflegen. Auch hatte sie kein Interesse mehr an Kleidung, Schmuck, besonderer Ernährung oder an Luxusgegenständen. Ihr einziges Interesse galt *Râma* im Inneren. Sie war nun eine Schülerin und nicht länger in äußere Dinge vertieft. In der inneren Kammer wartete sie auf den Herrn. Im Inneren bekommt sie Antwort durch das Erscheinen des Affengottes *Hanumân*, des Sohnes der Luft und des Lehrers.

Mithilfe des Luftstroms kann man in die innere Seite eintreten. Wenn man dann in der Kammer des Herzens wartet, wird man vom Lehrer, einem Repräsentanten der Luft, eingeladen. Er verbindet das Irdische mit dem Überirdischen. *Hanumân* ist das Prinzip der Luft, das den Weg für die Vereinigung der Seele mit der Persönlichkeit bahnen kann. Das ist, in wenigen Worten, seine Gegenwart: Es ist die Gegenwart des *Sadguru* im *Sundara Kânda* des RAMAYANA.

Das RAMAYANA hat sechs Kapitel (*Kândas*). *Sundara Kânda* ist das fünfte Kapitel. *Hanu-*

mân erscheint im vierten Kapitel (*Kishkinda Kânda*) und führt zum sechsten Kapitel (*Yuddha Kânda*). Es gibt sechs Zentren im Körper. Das sechste Zentrum ist das *Âjnâ,* das dritte Auge. *Kishkinda Kânda,* das vierte Kapitel, symbolisiert das vierte Zentrum in uns, das Herz. Im *Kishkinda Kânda* tritt *Hanumân* in den Menschen ein. Im fünften Kapitel (*Sundara Kânda*), das das Kehl-Zentrum symbolisiert, führt er die Arbeit aus, um den Meister zu erreichen.

Somit ist es unsere eigene Geschichte! Vom Herzen steigen wir auf und erreichen das *Âjnâ*. Den Meister müssen wir im Herzen anrufen.

Hanumân und *Sanjîvani*

Im RAMAYANA gibt es eine weitere interessante Geschichte aus dem Krieg.

Râvana war ein großer Kriegsstratege. Er beschloss, die toten Körper der diabolischen Wesen zu beseitigen und ließ sie ins Meer werfen. Infolgedessen gab es keine Möglichkeit, die Stärke der diabolischen Armee zu berechnen. Mit dieser Strategie wollte er die gegnerische Armee psychologisch schwächen. Auf der anderen Seite waren alle toten Körper der Affen auf dem Schlachtfeld liegen geblieben.

Dann ergab sich im Kriegsgeschehen eine neue Situation. *Lakshmana* wurde ohnmächtig und ein spezielles Kraut aus dem *Himâlaya* musste geholt werden, um ihn wieder ins Bewusstsein zurückzuholen. Also flog *Hanumân* in der Nacht zum *Himâlaya,* um den Berg ausfindig zu machen, auf dem jenes Kraut wuchs. Er hatte nicht genügend Zeit, um nach dem richtigen Kraut zu suchen. Deshalb hob er einfach den ganzen Kräuterberg hoch und nahm ihn mit. Er kehrte mit dem ganzen *Sanjîvani*-Berg zurück, der voll von lebenspendenden Kräutern war.

Als er zurückkam und den Berg absetzte, erwachten alle toten Affen wieder zum Leben, während *Râvana* infolge seiner eigenen Strategie den Krieg verlor. Da die toten Körper ins Meer geworfen worden waren, konnte *Râvanas* diabolische Armee nicht wieder ins Leben zurückkehren.

8. *Hanumân* und das MAHABHARATA

Hanumân ist ein großer Verehrer des Herrn. Im *Dwâpara Yuga*, als die lunaren Könige die Welt regierten, wurde *Krishna* einmal von *Arjuna*, dem dritten unter den Söhnen des Lichts, gefragt, ob er einen größeren Verehrer hätte als ihn, der auch ebenso tapfer wäre wie er. *Krishna* antwortete: „Ja, es gibt jemanden. Er ist viel tapferer als du, er ist viel weiser als du und er ist viel intelligenter als du. Es gibt niemanden, der ihm ebenbürtig ist, und es ist niemand anders als *Hanumân*." Daraufhin sagte *Arjuna*: „Ich möchte sein kriegerisches Können sehen. Ich werde eine Brücke aus Pfeilen bauen und ich will sehen, ob *Hanumân* sie zerbrechen kann."

Arjuna besaß alle Waffen, die man sich vorstellen kann, und er benutzte himmlische Waffen, um diese Brücke zu bauen. Dann sagte er: „Jetzt soll *Hanumân* sie zerbrechen." Daraufhin wurde *Hanumân* eingeladen, die Brücke zu zerbrechen. *Hanumân* sagte: „Was sollen diese Spiele? Ich habe kein Interesse daran." *Arjuna* antwortete: „Ich möchte es einfach wissen. Wenn du sie zerbrechen kannst, dann zerbrich sie bitte." *Hanumân* sagte: „Okay, nur um deine Neugier zu stillen, werde ich es tun." Er ging zur Brücke, sprang hinauf und kam wieder herunter. Sie zerbarst fast unter ihm, aber sie zerbrach nicht vollständig. Da sagte *Arjuna*: „Du konntest sie nicht zerbrechen!"

Inzwischen kam *Krishna* unter der Brücke hervor und sein Rücken war sehr schlimm zugerichtet. *Arjuna* fragte, was passiert sei. *Krishna* antwortete: „Nur um deine Ehre zu retten, stand ich unter der Brücke und trug sie auf meinem Rücken, damit sie nicht zerbricht. Wenn er noch einmal springt, wird nicht nur die Brücke, sondern auch mein Rücken zerbrechen." Dies zeigt die Stärke und Bescheidenheit von *Hanumân*, der unter uns lebt!

Eine weitere interessante Begebenheit aus dem MAHABHARATA ist die Begegnung von *Hanumân* und *Bhîma*, dem zweiten Sohn des Lichts.* *Hanumân* hatte Gefallen an *Bhîma* gefunden. Er segnete ihn und sagte, dass auf

* Anmerkung: Alle Einzelheiten dieser Begebenheit können im MAHABHARATA nachgelesen werden.

dem Schlachtfeld das Brüllen *Hanumâns* zusammen mit *Bhîmas* Schrei ertönen und diesen verstärken würde, sodass beides zusammen die Himmel erfüllen und die Herzen der Feinde zutiefst erschrecken würde. Und *Hanumân* fügte hinzu, dass er auf der Fahne von *Arjuna* Streitwagen sein und den Krieg beobachten werde, um ihnen zum Sieg zu verhelfen.

Während des großen *Mahâbhârata*-Krieges schmückte *Hanumân* die Fahne auf *Arjunas* Streitwagen mit seiner Gegenwart und war *Arjuna* eine mächtige Hilfe, indem er günstige Winde für *Arjuna* erzeugte. Der Wind stand immer günstig für *Arjuna* und ungünstig für den Gegner.

Arjuna war ein geschickter Bogenschütze, der seine Pfeile mit voller Kraft abschoss. Zu dieser Kraft fügte *Hanumân* seine Unterstützung hinzu und schwächte die Kraft der Waffen, die von der anderen Seite kamen. *Arjuna* ist auch eine *Rudra*-Energie. Einer der Namen von *Rudra* ist *Arjuna*. Im *Dwâpara Yuga* halfen die *Rudras*, eine Ordnung aufzubauen, indem sie *Krishna* unterstützten.

Hinter diesem wichtigen *Kapi-Dhwaja*-Symbol (*Hanumâns* Verbleiben auf der Fahne) steht ein esoterisches Verständnis. Im *Dwâpara Yuga* kam der Herr als *Jagadguru* herab, der Weltlehrer als Lord *Krishna*. Er ist *Nârâyana*, das bedeutet „der EINE, dem man folgen soll". Der andere ist *Nara*, das bedeutet „derjenige, der folgen soll". *Nara* und *Nârâyana* kommen in einem Wagen herab, den wir den Körper nennen.

Die Bühne des ganzen Einweihungsspiels ist als Schlachtfeld gestaltet, auf dem die niederen und höheren Prinzipien des Körpers und die fünf Sinne ewig miteinander kämpfen. Das Luft-Prinzip, das von *Hanumân* als dem *Kapi Dhwaja* dargestellt wird, verhilft den höheren Prinzipien zum Sieg über die niederen Prinzipien. Diese dramatische Situation wird in der historischen Schrift MAHABHARATA symbolisch beschrieben. Das MAHABHARATA wurde von dem Weisen *Veda Vyâsa* etwa 5000 v. Chr. verfasst.

Das historische Ereignis des *Mahâbhârata*-Krieges wurde als Symbol für diesen Konflikt, für das Verstehen, für die Unterscheidung und Verwirklichung des Gottesbewusstseins durch das menschliche Bewusstsein, genommen. Dies ist die erklärte Absicht jeder *Purâna* und sie wurde mit vollendetem Können im MAHABHARATA dargestellt.

Im *Mahâbhârata*-Krieg, in den Dämmerungsstunden zwischen dem *Dwâpara Yuga* und dem *Kali Yuga,* schenkte *Hanumân* seine Gegenwart ganz oben auf dem Streitwagen auf der Fahne.

Bis zum heutigen Tag ist er auf dem Planeten, um den Menschen zu helfen, den Konflikt und die Begrenzung zu überwinden und auf dem Weg des Lichts zu wandern.

9. *Hanumân* und die Musik

Hanumân ist eine Verkörperung vollkommener Weisheit. Gleich welche Weisheitswissenschaft man nennt – er kennt sich darin aus. Er ist auch ein großartiger Musiker. Die Schönheit seiner Musik ist in den höheren Kreisen wohlbekannt. In den *Purânen* gibt es Tausende von Anekdoten über ihn. Es gibt einen himmlischen Sänger namens *Nârada,* den *Kumâra.* In allen sieben Ebenen der Schöpfung ist er unterwegs und er singt zu einem siebensaitigen Musikinstrument, das als das beste Instrument bekannt ist. Wenn *Nârada* singt, fallen alle Wesen in einen tranceartigen Zustand. Einmal kam *Nârada* zum Herrn und fragte ihn: „Gibt es noch irgendeinen Sänger, der so singt wie ich?" *Nârada* wollte es herausfinden, einfach um es zu wissen.

Der Herr sagte: „Es gibt jemanden auf der Erde und wenn er singt, fällt alles in einen tranceartigen Zustand. Jedes Lebewesen gerät in Ekstase, alles wird eins mit seinem Gesang. Sogar das wildeste Wesen wird ganz sanft."

Nârada fragte, wer diese Person sei. Da sagte der Herr: „Es ist *Mâruti* auf der Erde im *Himâlaya*." Also machte sich *Nârada* auf und ging zu *Mâruti*. Er kannte *Hanumân*, aber er hatte noch nie gehört, dass *Hanumân* ein Sänger war. Denn *Hanumân* stellt sein Wissen oder seine Kraft niemals zur Schau. *Nârada* kam zu *Hanumân* und sagte: „Ich habe gehört, dass du ein großartiger Sänger bist und ich bin gekommen, um dir zuzuhören." *Hanumân* antwortete: „Ich weiß nichts davon, dass ich ein Sänger bin!" Er ist sich nie seiner selbst bewusst. Das Schöne an *Hanumân* ist, dass er sich nie seiner selbst bewusst ist und immer nur DAS bleibt.

Jedes Mal muss er an seine Fähigkeiten erinnert werden und daran, was er vollbringen kann. Häufig erinnert er sich nicht, wer er ist, weil er die ganze Zeit immer nur eins mit *Brahman* ist. *Hanumân* antwortete *Nârada*: „Ich weiß nicht, ob ich ein Sänger bin." *Nârada* sagte: „Man erzählt sich, dass du der beste Sänger bist. Ich bin gekommen, um dir zuzuhören. Würdest du bitte singen?" Da sagte *Hanumân*: „Ich weiß nicht, was Singen ist, ich weiß nicht, was Musik ist. Ich singe nur den heiligen Namen des Göttlichen. Wenn das für dich Musik ist, kannst du gern zuhören." Daraufhin legte *Nârada* sein Musikinstrument auf einen Stein und setzte sich hin, um zuzuhören. *Hanumân* begann zu singen und innerhalb weniger Minuten war *Nârada* im *Samâdhi*-Zustand. Er sang sehr lange und niemand wusste, wie lange sein Gesang zu hören war.

Plötzlich kam *Nârada* wieder in sein Bewusstsein zurück. Er sah, dass *Hanumân* immer noch im *Samâdhi* war, dass er immer noch sang und nicht aufhörte. *Nârada* wartete und wartete. Dann dachte er: „Ich glaube nicht, dass er bald zurückkommen wird. Ich habe noch anderes zu tun. Deshalb werde ich jetzt lieber gehen." Er wollte sein Musikinstrument nehmen, das er auf den Stein gelegt hatte. Doch das Instrument war tief in den Stein eingesunken, weil der Stein während des Gesangs geschmolzen war! Und nun steckte das Instrument darin fest. *Nârada* war sprachlos. Er ging zu *Hanumân* und berührte ihn sanft. Da kam *Hanumân* zurück und fragte, was geschehen sei. „Habe ich gesungen? Hat es dir gefallen?" *Nârada* fehlten die Worte. Er antwortete: „Ich dachte, ich wüsste alles über die Musik. Ich kenne die Wissenschaft der Musik und die Kunst der Musik. Ich werde als der beste Musiker im Universum gefeiert, aber ich verneige mich vor deinem Gesang. Jetzt hilf mir bitte, denn mein Instrument steckt hier fest."

Hanumân sagte: „Ich weiß nicht, wie es steckenbleiben konnte. Deshalb weiß ich auch nicht, wie es da wieder herauszukriegen ist. Sag mir, was ich tun soll." Da antwortete *Nârada*: „Fang noch einmal an zu singen." *Hanumân* geriet wieder in die Ekstase der Musik und der Stein begann erneut zu schmelzen. Ganz schnell nahm *Nârada* sein Instrument heraus und ging weg. Dies ist eine Geschichte über *Hanumâns* musikalische Fähigkeiten.

10. *Kanchana Varna* und *Vajra Šarîra*

Die Farbe von *Hanumân* ist golden. Das bedeutet, seine Gestalt hat die goldene ätherische Form. Jeder von uns bekommt die goldene ätherische Form, wenn wir imstande sind, das Herz-Zentrum wahrzunehmen. Gold ist die Farbe des Herz-Zentrums. Wenn wir die Existenz im Herzen erfahren, nehmen wir die goldene Farbe wahr. Der goldene Körper ist *Hanumâns* äußere Form. Im Inneren hat er den diamantenen, strahlend weißen Körper. *Kanchana* ist der goldene Körper und *Vajra Šarîra* ist der diamantene Körper.

Hanumân hat einen strahlend weißen Körper, einen goldenen Körper und außen den physischen Körper eines Affen. Aber er ist kein Affe! Er hat drei Körper. Je nach Bedarf arbeitet er mit einem von ihnen.

- Er wird *Vajrânga Šarîra* genannt. *Vajrânga* bedeutet „der mit dem diamantenen Körper".
- *Kanchana Deha* ist der goldene Körper. *Hanumân* wird auch „der mit dem golde-

nen Farbton" genannt und deshalb ist er *Kanchana Varna*.

- Außerdem hat er eine Affengestalt, die wir sehen.

Hanumân hat einen physischen, ätherischen und kausalen Körper. Jeder große *Yogi* hat diese drei Formen. Der Kausalkörper wird *Kârana Šarîra* genannt und er hat einen diamantenen Glanz. Dann gibt es den *Sukshma Šarîra*. Er ist goldfarben (*Hiranya Varna*). Wenn Menschen in Fleisch und Blut das Göttliche verehren, sehen sie den Herrn in goldener Farbe und wenn sie ihre Verehrung fortsetzen, gelangen sie zur diamantenen Farbe. Somit hat und benutzt *Hanumân* einen diamantenen Körper, einen goldenen Körper und einen normalen physischen Körper aus Fleisch und Blut.

Hanumân kann durch die Luft fliegen und darin gleicht er *Garuda*. Mit Leichtigkeit kann er sich im siebten Himmel umherbewegen, das heißt in jener Ebene, die wir die Ebene des Göttlichen nennen. Es heißt, dass der Mensch im Wassermann-Zeitalter die Möglichkeit zu fliegen erhält. Für alle, die fliegen möchten, ist *Hanumân* die erste und wichtigste Erfahrung.

Deshalb gewinnt *Hanumân* in diesem Zeitalter zunehmend mehr an Bedeutung.

11. Die Verehrung von *Hanumân*

Seit lemurischer Zeit ist *Hanumân* auf diesem Planeten anwesend, um der Menschheit zu helfen. Seine Verehrung verleiht uns die notwendige Kraft, um das Göttliche zu erreichen.

Es gefällt der Weltmutter, wenn wir *Hanumân* verehren. Wenn sie zufrieden ist, wird uns geholfen, die Begrenzungen der Natur (*Maya*) zu überwinden. Auch *Lakshmana* freut sich, wenn wir *Hanumân* verehren. *Lakshmana* ist *Kâla Swarûpa,* der Zeitaspekt. Wenn er zufrieden ist, hilft uns der Zeitaspekt über die Listen und Finten der Zeit hinweg. Die Verehrung von *Hanumân* liegt auch *Râma,* dem Herrn, sehr am Herzen. Auf diese Weise ermöglicht die Verehrung *Hanumâns,* dass wir uns in der Qualität der Ausgeglichenheit verankern. Der Zeitaspekt, Mutter Natur und das Göttliche, die im RAMAYANA als *Lakshmana,* die Mutter *Sîtâ* und Lord *Râma* personifiziert sind, freuen sich, wenn wir *Hanumân* verehren.

Hanumân ist eine Verkörperung der elf *Rudra*-Aspekte, das heißt, *Hanumân* ist die kollektive Manifestation der elf *Rudras* (*Ekâdaša Rudra*). Wenn wir *Hanumân* verehren, haben wir *Rudra* verehrt.

Bis heute ist in Indien die Verehrung von Lord *Hanumân,* dem Gott in Affengestalt, in der Farbe Orange (*Sindhûra Varna*) als Schlüssel des Sechsten Strahls weit verbreitet, um die Dominanz des Emotionalkörpers zu überwinden. Der Dienstag und die sechste Mondphase sind ebenfalls mit der Farbe Orange verbunden.

Die Farbe Orange stimuliert den Ätherkörper und fördert in hohem Maße den Aufbau des Ätherkörpers. Zu Beginn wird den Schülern empfohlen, während des Sonnenaufgangs und Sonnenuntergangs über das Orange des Himmels zu meditieren.

Es soll noch darauf hingewiesen werden, dass die Mönche in Indien prinzipiell orangefarbene Gewänder tragen. Dadurch können sie aufgrund der gedanklichen Beschäftigung mit der Farbe das Orange aufnehmen. Außerdem tragen sie auf ihrer Stirn eine orangefarbene Brauenmarkierung. Orange löst die negativen Energien der Emotionen auf. Es beseitigt Stauungen und ermöglicht den freien Fluss der Lebensströme.

Wenn man von Mars, Saturn, dem nördlichen oder südlichen Mondknoten bedrängt wird, kann die Verehrung von *Hanumân* die negativen Auswirkungen dieser Planeten neutralisieren. Deshalb wird auch den Kindern empfohlen, *Hanumân* mehr und mehr zu verehren, wenn sie in die entscheidenden Phasen ihrer Ausbildung kommen, damit ihnen keiner dieser vier Planeten in die Quere kommt und ihr Lernen beeinträchtigt. Und wenn Kinder in das Schreiben eingeführt werden, erhalten sie zur Stärkung ihres Willens das *Mantra OM Namaha Šivaya*. Auch in uns wird die Verehrung von *Hanumân* den Willen stärken. Kindern antwortet er schneller als den Erwachsenen.

Bei der Einführung des Gesetzes war *Hanumân* der wichtigste Helfer für das Göttliche. Genauso wie *Garuda* kann er in der Luft und im siebten Himmel fliegen. Im nächsten *Kalpa* wird er der *Brahmâ* sein.

12. *Hanumân* und das *Prâna*

In uns existiert *Hanumân* als *Prâna*. Er wird *Mukhya Prâna* genannt, das wichtigste *Prâna*. Dies ist der Pfad der Seele, auf dem der Mensch mithilfe der Luft das *Sahasrâra* erreicht. Daher gilt *Hanumân* als das erhabenste Wesen, das uns bei der Selbst-Erkenntnis, Befreiung und Erfahrung Gottes hilft. *Hanumân* baut die Brücke zwischen der Seele und der Überseele.

Hanumân ist als *Kapindrah*, als das Oberhaupt der *Kapis* bekannt. *Kapi* bedeutet Affe. Das Wort *Kapi* bedeutet auch „derjenige, der Wasser durch Verdunstung absorbiert". Das Lebensprinzip in uns wird durch den Wassergehalt in unserem Körper aufrechterhalten. Die Sommersonne, die durch ihre heißen Strahlen das Wasser auf der Erde verdunstet und die Wolken bildet, ist das *Prâna*-Prinzip dieser Erde.

Das *Prâna*-Prinzip arbeitet durch die Pulsierung und Atmung. Man kann es als Lebensfeuer verstehen, das jedes Mal durch die Kraft der Atmung erzeugt wird. Symbolisch wird es als der Sohn des Luft-Gottes bezeichnet. Wenn wir durch die Pulsierung zur subtilen Pulsierung gelangen, treffen wir auf die aufsteigende Pulsierung. Unter den fünf Pulsierungen gilt diese aufsteigende Pulsierung (*Udâna*) als der Lehrer, der uns zum Herrn führt.

Dieses *Vâyu* wird als *Hanumân* verehrt. Für einen okkulten Schüler ist *Udâna* die wichtigste Pulsierung, weil sie ihn nach oben führt. Sie führt ihn vom Herzen zum Kopf. In Indien gibt es eine Denkrichtung namens *Madhwa*. Dort wird *Udâna Vâyu* als *Hanumân* verehrt, weil sie uns zum wahren Ursprung unseres Seins führt.

Für einen *Yogi* ist es der aufsteigende Pfad. In der *Madhwa*-Tradition *Madhwâchârya* wird *Vishnu* als Gott und *Hanumân* als *Guru* beschrieben. Mithilfe der Luft erreichen wir *Brahman*, den Herrn.

Wir sagen *„Namaste Vâyu Twâmeva Pratyaksham Brahmâsi, Twâmeva Pratyaksham Brahma Vadisyâmi"*.

Das bedeutet, *Vâyu* ist *Pratyaksha Brahma*. *Vâyu* ist tatsächlich das wahrnehmbare *Brahman*. *Hanumân* ist *Vâyu Putra*, der Sohn der Luft, und er leitet den *Prâna*-Fluss. Dies ist eine weitere Dimension von *Hanumân*.

13. *Hanumân*, der *Sadguru*

Hanumân ist ein Wesen der Synthese. In ihm sind alle sieben Strahlen aktiv. Wenn es um Wissen geht, verkörpert er die Essenz der vier *Veden*. Er ist sehr liebevoll, wenn er sich den Menschen in seiner Umgebung zuwendet. Sein Wille kann Berge versetzen und seine Fähigkeit, sich in Hingabe mit dem Göttlichen zu verbinden, ermöglicht die Auflösung des eigenen Selbst, so dass es die individuelle Existenz nicht mehr gibt.

Hanumân besitzt alle sieben Qualitäten. Er kann Magisches bewirken. Seine magischen Kräfte sind außerordentlich, z. B. kann er über große Entfernungen fliegen. Er kann seine Gestalt zu enormer Größe ausdehnen und sie in der nächsten Minute auf die Größe eines Insekts schrumpfen lassen. *Hanumân* beherrscht die Magie des Siebten Strahls, ist von der Hingabe des Sechsten Strahls erfüllt und besitzt alle mentalen Fähigkeiten des fünften Strahls im Umgang mit den Dingen und war damit für seinen König eine große

Hilfe. Er hat die Fähigkeit, Konflikte aufzulösen und Harmonie herzustellen, ebenso besitzt er die Fähigkeit zu intelligenter Aktivität, zum Wissen und zum Willen. Alle sieben Qualitäten der Seele werden von *Hanumân* in vollendeter Weise verkörpert, weil er aus höheren Kreisen herabgestiegen ist. Er ist ein Wesen der Synthese und deshalb ist er ein *Sadguru*.

In der Wissenschaft des *Yoga* wird die Technik vermittelt, um die Thymusdrüse und die Zirbeldrüse zu aktivieren, so dass sie Sekrete absondern können. In gewöhnlichen Menschen arbeiten diese beiden Drüsen normalerweise nicht. Die Sekrete aus diesen höheren Zentren tragen zum Aufbau des Lichtkörpers bei, der als Ätherkörper bezeichnet wird, und in dem man über den Tod hinaus bleiben kann. Das Geheimnis der Todlosigkeit, das von den großen *Yogis* aller Zeiten verkündet wird, ist der Aufbau des Lichtkörpers, des *Divya Šarîra*.

Die Hierarchie besteht aus Menschen, die dem *Yoga*-Pfad gefolgt sind und ihren Lichtkörper entwickelt haben. Von denen, die einen Lichtkörper haben, sind *Sanaka, Sanandana, Sanat Kumâra, Šuka, Vyâsa, Maitreya* und *Hanumân* allgemein bekannt. *Hanumân* ist ein *Chiranjîvî*, eine ewige Wesenheit.

Der Klang *„Ra-Ma"*

Wenn man sich auf den Weg des Göttlichen begibt und sich dafür entscheidet, mit *Hanumân* als *Sadguru* zu arbeiten, wird er einen zur Befreiung führen. Er ist zutiefst erfreut, wenn man den Namen *Râma* singt. *„Ra-Ma"* ist der Klang, der alle anderen Klänge enthält. Der Klang *„Ra-Ma"* ist sehr alt und existierte schon, bevor Lord *Râma*, der *Avatâr*, in Erscheinung trat.

Ra steht für das Feuer, *Ma* steht für die Natur. Der Klang *„Ra"* steht für die Zahl 2 und *„Ma"* für die Zahl 5. Man die Zahl auf *vedische* Weise betrachten (*Ankânâm Vâmato Gatihi*), das heißt von rechts nach links. Wenn man sie schreibt, wird sie als 52 geschrieben und wenn man sie liest, wird zuerst die Zahl 2 gelesen und dann folgt die 5. Aus der einen Richtung betrachtet ergibt der Klang *„Ra-Ma"* die 25 und aus der anderen Richtung die 52. Im Sanskrit gibt es 52 Buchstaben-Saatklänge. Es sind 52 *Aksharas* (Buchstaben). Diese 52

Buchstaben umfassen alles und deshalb enthält der Klang *„Ra-Ma"* alle anderen Klänge.

Nach all den Gesängen des *Vishnu Sahasranâma* fragte die Mutter *Parvathi* Lord *Śiva* schließlich, welcher der einfachste und kürzeste Weg zur Verehrung des Herrn sei (*Kenopâyena Laghunâ*). Und der Herr antwortete: *„Śrî Râma Râma Râma Rameti Rameti Rame Rame Manorame, Sahasranâma Tattulyam Râmanâma Varânane."* Das bedeutet, das Anstimmen des Klangs *„Ra-Ma"* ist gleichbedeutend mit dem *Sahasranâma* des Herrn. Das ist die Essenz des Klangs *„Ra-Ma"*. In diesem Klang ist das ganze Universum enthalten. Wenn wir also *Ram Ram Ram Ram* sagen, dann verschlingt uns das Feuer und reinigt uns. Auf diese Weise geschieht die Arbeit mit *Ram* und *Hanumân* unterstützt sie. *Râma* ist das Göttliche und *Hanumân* ist der *Sadguru*.

Wenn der *Prajâpati Kratu* in uns aktiv ist, werden sehr gute Dinge durch unsere Hände getan. *Daksha* steht für Kompetenz und wenn wir den Daumen einer Person sehen, können wir ihre Kompetenz erkennen. Dies alles ist Teil der *Samudrika*-Wissenschaft, mit deren Hilfe wir viele Aspekte, Qualitäten und Fähigkeiten eines Menschen durch die Beobachtung seiner verschiedenen Körperteile erkennen können. *Hanumân* kannte sie sehr gut und anhand dieser Wissenschaft konnte er *Râma* sagen, dass *Vibhîshana* (der Bruder von *Râvana*) vertrauenswürdig war, obwohl er der Bruder seines Feindes war. Mithilfe dieser Wissenschaft erkannte *Hanumân* die göttlichen Qualitäten in *Vibhîshana*. Es gibt keinen Wissenschaftszweig, mit dem *Hanumân* nicht vertraut ist.

Hanumân ist auf dem Planeten geblieben, um den Geschöpfen auf der Erde zu helfen. Lord *Râma* selbst rühmt *Hanumâns* Fähigkeiten und seine *vedische* Weisheit. Als *Râma* zum ersten Mal *Mâruti* begegnete, sagte er zu *Lakshmana*: „Du musst wissen, dass dieser Mann eine Verkörperung aller *Veden,* aller Schriften ist. Es gibt nichts, was er nicht weiß. Verhalte dich ihm gegenüber so, wie du dich zu mir verhältst." *Lakshmana,* der Bruder von *Râma,* war überrascht! Das ist die besondere Kompetenz eines *Mâruti,* der eine Verkörperung aller sieben Winde (der sieben *Maruths*) ist.

Jetzt wissen wir ein wenig über *Hanumân* und wir wissen auch, wie alt er ist. Er hat beschlossen, auf dem Planeten Erde zu bleiben. Seit allerältester Zeit ist er hier. Es versprach, dass er auf diesem Planeten bleiben wird, solange sich auch nur eine einzige Seele an den Klang *„Ra-Ma"* erinnert. Solange der Klang *„Ra-Ma"* auf dem Planeten angestimmt wird, sagte er, wird er bleiben und helfen. Deshalb gilt er als der Führende unter den größeren Eingeweihten, die auf unserem Planeten anwesend sind.

Manchmal wandert er im *Himâlaya* umher. Sein Fußabdruck ist sieben Fuß lang. Wann immer die Meister der Weisheit diesen sieben Fuß großen Abdruck sehen, werfen sie sich nieder und berühren ihn mit ihrer Stirn. Von solcher Größe ist *Hanumân*!

Anhang

I. *Hanumân Châlîsâ**

Von allen Methoden, mit deren Hilfe man den Herrn erreichen möchte, gilt im *Kali Yuga* das kontemplative Singen des heiligen Namens des Herrn als die wichtigste. Man nennt sie *Nâma Smarana*. *Hanumân* war der Erste, der der Menschheit diese Methode vermittelte. Und *Hanumân* war es auch, der die Weisheit mitteilte, dass der Klang *„Ra-Ma"* älter und größer ist als *Râma*, der *Avatâr*. Er versprach, die Menschen, die den heiligen Klang *„Ra-Ma"* singen, mit allem zu segnen, was glückverheißend ist.

Hanumân erklärte, dass er auf diesem Planeten bleiben und der Menschheit helfen würde, solange der Klang *„Ra-Ma"* angestimmt wird. Er freut sich immer über den Klang *„Ra-Ma"*. Genauso freut sich *Râma*, wenn man sich an *Hanumân* erinnert. Als der zweite Logos *Vishnu* in der Gestalt von *Râma* herabkam, war es *Shankara*, der als *Hanumân*

* Download unter You Tube: K. Parvathi Kumar singt das *Hanumân Châlîsâ*;
https://www.youtube.com/watch?v=8xhiTpHu3EE

zur Erde kam. Er bildete eine Brücke zwischen den Menschen und dem Göttlichen. Somit ist er ein *Sadguru*. Diese Wahrheit wird im *Sundara Kânda* des RAMAYANA dargestellt.

Wer die Gunst von *Râma* und *Hanumân* erstrebt, studiert meist das *Sundara Kânda*. Das *Sundara Kânda* ist das fünfte *Kânda* im RAMAYANA von *Valmîki*. Es enthält den Schlüssel zur Erfahrung der Gegenwart des Lehrers, zur Befreiung aus allen Begrenzungen und sogar zur Transzendenz.

Im selben Maße wie das *Sundara Kânda* die Gunst von *Šrî Hanumân* und seine Gegenwart ermöglicht, tut dies auch das *Šrî Hanumân Châlîsâ*, das von *Sant Tulasî Dâs* herausgegeben wurde. Es ist ebenso einfach wie kraftvoll. Durch das *Hanumân Châlîsâ* haben viele Menschen den Weg zum Licht gefunden.

Die Verehrung *Hanumâns* durch das *Hanumân Châlîsâ* neutralisiert die Bedrängnis und den Kummer durch Mars, Saturn, *Râhu* und *Ketu*. Es gefällt dem Zeitaspekt, der von *Lakshmana* verkörpert wird, und Mutter Natur, die von *Sîtâ* verkörpert wird, und auch Lord *Râma*, wenn *Hanumân* verehrt wird. Die Verehrung von *Hanumân* hält böse Geister sowie teuflische und dämonische Energien fern und hilft, alle Zwänge und Konflikte zu vertreiben.

Es gibt die Tradition, das *Hanumân Châlîsâ* elfmal hintereinander zu singen. Man kann es über einen Zeitraum von 40 Tagen in dieser Weise singen und dies ist eine besondere Weihung. Eine weitere Tradition ist, das *Hanumân Châlîsâ* 100 Mal zu singen. Doch das Wichtigste ist, es mit größter Hingabe zu singen.

*Doha**

srî guru charana saroja raja
nija mana mukuru sudhâri I
charanau raghuvara vimala yas
jo dâyak phala châri II

Nachdem ich den Spiegel meines Denkvermögens mit dem Blütenstaub von den Lotusfüßen des *Gurus* gereinigt habe, versuche ich jetzt, die makellose Herrlichkeit von *Šrî Râmachandra* zu beschreiben. Ein solches Gebet schenkt vierfache Frucht, nämlich *Dharma* (Gesetz), *Artha* (Reichtum), *Kâma* (das rechtmäßig Gewünschte) und *Moksha* (Befreiung).

* Ein altes *vedisches* „zweizeiliges Versmaß mit Endreim"

buddhihîna tanu jânike
sumirau pavanakumâra I
bala budhi vidyâ dehu mohi
harahu kalesa vikâr II

Im vollen Bewusstsein der Unzulänglichkeiten meines Verstandes erinnere ich mich an dich, oh *Pavan Kumar*! Verleihe mir Kraft, Wissen und Weisheit. Beseitige die Verunstaltungen und Unzulänglichkeiten in mir.

Chaupai *

1. ***jaya hanumâna gyâna guna sâgara*** I
jaya kapîsa tihu loka ujâgara II

Sei gegrüßt, *Hanumân*, Ozean aller Weisheit. Sei gegrüßt, *Kapîswara*, der das Licht der Weisheit in alle drei Welten bringt.

2. ***râma dûta atulita bala dhâmâ*** I
anjani putra pavanasuta nâmâ II

Der Gesandte von Lord *Râma*, die Wohnstatt unvergleichlicher Stärke, der Sohn von *Anjanâ*

* Ein altes *vedisches* „Versformat mit Endreim"

Devi und der Sohn von *Pavana*, dem kosmischen Luftprinzip.

3. ***mahâvîra vikrama bajarangî*** I
kumati nivâra sumati ke sangî II

Hanumân, du bist ein großer Held, eine Verkörperung der Tapferkeit und du besitzt den diamantenen Körper (*Vajra*). Du machst dem verdrehten, üblen Verstand ein Ende und segnest jene mit deiner Gegenwart, die einen reinen Intellekt haben.

4. ***kanchana varana virâja suvesâ*** I
kânana kundala kunchita kesâ II

Hanumân, du hast einen Körper aus goldenem Licht. Du hast eine strahlende Gestalt. Du trägst prächtige Ohrringe und du hast schönes, lockiges Haar.

5. ***hâtha vajra aur dhvajâ virâjai*** I
kândhe mûnj janeû sâjai II

Du hältst den *Vajra* (den Diamanten) und das Banner (die Fahne) in deinen Händen und du trägst den heiligen Faden aus *Mûnji*-Gras quer über deiner Schulter.

6. ***sankara suvana kesarî nandana*** I
teja pratâpa mahâ jaga vandana II

Du bist ein Nachkomme von *Shankara,* eine Verkörperung von *Rudra*. Du bist der Sohn von *Kesarî*. Oh *Hanumân,* du bist voller Glanz und Tapferkeit! Von der ganzen Welt wirst du verehrt.

7. ***vidyâvâna gunî ati châtura*** I
râma kâja karive ko âtura II

Der Gelehrte, der Tugendhafte, der Intelligente und der Gewandte, oh *Hanumân*! Du bist immer voller Eifer bei der Arbeit von Lord *Râma*.

8. ***prabhu charitra sunive ko rasiyâ*** I
râma lakhana sîtâ mana basiyâ II

Oh *Hanumân,* du freust dich, von der Herrlichkeit des Herrn zu hören. *Sîtâ, Râma* und *Lakshmana* wohnen in deinem Herzen.

9. ***sûkshma rûpa dhari siyahi dikhâvâ*** I
vikata rûpa dhari lanka jarâvâ II

In feinstofflicher Gestalt bist du *Sîtâ* erschienen. Mit einer furchterregenden Gestalt hast du *Lankâ* in Brand gesetzt.

10. ***bhîma rûpa dhari asura samhâre*** I
râmachandra ke kâja savâre II

Mit deiner riesenhaften Gestalt hast du die diabolischen Wesen besiegt. Du hast das Werk von Lord *Râma* ausgeführt.

11. ***lâya sajîvan lakhana jiyâe*** I
srî raghuvîra harashi ura lâe II

Oh *Hanumân*! Du hast *Sanjîvani* gebracht und *Lakshmana* gerettet. Der hocherfreute *Râma* hat dich umarmt.

12. ***raghupati kînhî bahut badâî*** I
kaha bharat sama tuma priya bhâî II

Šrî Râma hat dich gerühmt und verkündet, dass du ihm ebenso viel bedeutest wie *Bharata*.

13. ***sahasa vadana tumharo yasa gâvai*** I
asa kahi srîpati kantha lagâvai II

Sogar *Âdišesha* besingt deine Herrlichkeit. *Râma* hat dich umarmt, oh *Hanumân*!

14. ***sanakâdika brahmâdi munîsâ*** I
nârada sârada sahita ahîsâ II

Unter den Ehrwürdigen *Sanaka, Sanandana, Brahmâ,* den *Munîs, Nârada, Sârada, Âdišesha* …

15. ***yama kubera dikpâla jahâ te*** I
kavi kovida kahi sakai kahâ te II

Die Herren der Richtungen, einschließlich *Yama* und *Kubera,* Dichter und Gelehrte können deine Herrlichkeit nicht vollständig beschreiben.

16. ***tuma upakâra sugrîvahi kînhâ*** I
râma milâya râjapada dînhâ II

Du hast *Sugrîva* geholfen, mit *Râma* Freundschaft zu schließen und ihn dadurch wieder auf den Thron zu setzen.

17. ***tumharo mantra vibhîshana mânâ*** I
lankeshvara bhaye saba jaga jânâ II

Es ist allgemein bekannt, dass *Vibhîshana* deinem Rat folgte und den Thron von *Lankâ* erhielt.

18. ***yuga sahasra yojana para bhânû*** I
lîlyo tâhi madhura phala jânû II

Im Spiel hast du versucht, die Sonne zu verschlucken, die zweitausend *Yojanas* von der Erde entfernt ist, weil du dachtest, sie sei eine Frucht.

19. ***prabhu mudrikâ meli mukha mâhî*** I
jaladhi lânghi gaye acharaja nâhî II

Es ist kein Wunder, dass du den Ozean überquertest und dabei das Siegel von *Râma* (*Prabhu Mudra*) im Mund hieltest.

20. ***durgama kâja jagata ke jete*** I
sugama anugraha tumhare tete II

Mit deiner Unterstützung ist jede noch so unlösbare Aufgabe leicht zu bewältigen.

21. ***râma duâre tuma rakhavâre*** I
hota na âgyâ binu paisâre II

Du bewachst den Eingang zu *Râmas* Königreich. Ohne deinen Segen, ohne deine Erlaubnis, kann niemand eintreten.

22. ***saba sukha lahai tumhârî saranâ*** I
tuma rakshaka kâhû ko daranâ II

Wer sich dir vollständig anvertraut, der hat alle Annehmlichkeiten. Mit dir als Beschützer gibt es keine Angst.

23. ***âpana teja samhâro âpai*** I
tinau loka hânka te kânpai II

Nur du selbst kannst deinem Glanz standhalten. Die drei Welten erzittern vor dir.

24. ***bhûta pishâcha nikata nahi âvai*** I
mahâvîra jaba nâma sunâvai II

Oh *Hanumân*, du großer Tapferer, kein böser Geist wagt, sich dir zu nähern, wenn er deinen Namen hört.

25. ***nâsai roga harai saba saba pîrâ*** I
japata nirantara hanumata vîrâ II

Wenn man den Namen des heldenhaften *Hanumân* unaufhörlich anruft, haben alle Leiden und Gebrechen ein Ende.

26. ***sankata se hanumâna chudâvai*** I
mana krama vachana dhyâna jo lâvai II

Wer *Hanumân* in Gedanken, Worten und Taten verehrt, wird aus allen Widrigkeiten befreit.

27. ***saba para râmaraya sirataja*** I
tina ke kâja sakala tuma sâjâ II

Unter allen Regenten ist *Râma* der bedeutendste. Er ist der Herr der *Tapasvins* (Bettelmönche). Du führst *Râmas* Arbeit in geordneter Weise aus.

28. ***aura manoratha jo koî lâvai*** I
tasu amita jîvana phala pâvai II

Oh *Hanumân*! Wer dich verehrt, bekommt nicht nur, was er sich zu Recht wünscht, sondern wird auch befreit (die unvergängliche Frucht).

29. ***châro yuga para tâpa tumhârâ*** I
hai parasiddha jagata ujiyyârâ II

Deine Herrlichkeit ist in allen vier *Yugas* berühmt. Deinen Ruhm kennt die ganze Welt.

30. ***sâdhu santa ke tuma rakhavâre*** I
asura nikandana râma dulâre II

Du beschützt die Heiligen und Weisen. Durch die Vernichtung der diabolischen Wesen hast du *Râmas* Zuneigung gewonnen.

31. ***ashta siddhi nau nidhi ke dâtâ*** I
asa vara dînha jânakî mâtâ II

Sîtâ, die Verkörperung von Mutter Natur, gewährte dir den Segen, die *Ashta Siddhis* (acht Kräfte) und *Nava Nidhis* (neun Aspekte des Reichtums) zu verleihen.

32. ***râma rasâyana tumhare pâsâ*** I
saadâr tum raghupati ke dâsâ II

Die Gegenwart von Lord *Râma* ist allezeit bei dir. Stets bist du seine ausführende Kraft.

33. ***tumhare bhajana râma ko pâvai*** I
janama janama janama ke dukha bisarâvai II

Wenn wir dich verehren, ist *Râma* mit uns zufrieden. Die Sorgen und Schmerzen des Lebens in allen Inkarnationen werden dadurch neutralisiert, dass wir dich verehren.

34. ***anta kâla raghupati pura jâî*** I
jahâ janma hari bhakta kahâî II

Wer von Hingabe zu dir erfüllt ist, erhält einen Platz in der Wohnstätte von Lord *Râma* und wenn er wieder inkarniert, wird er als Jünger des Herrn (*Hari Bhakta*) bekannt sein.

35. ***aura devatâ chitta na dharaî*** I
hanumata sei sarva sukha karaî II

Alle Annehmlichkeiten werden dem zuteil, der *Hanumân* verehrt, auch wenn er sonst keine andere Gottheit verehrt.

36. ***sankata katai katai mitai saba saba pîrâ*** I
jo sumirai hanumata balavîrâ II

Für den, der *Hanumân* verehrt, die Verkörperung aller Stärke und Tapferkeit, werden alle Leiden auf einmal beseitigt.

37. ***jaya jaya jaya jaya hanumâna gusâî*** I
kripâ karahu gurudeva kî nâî II

Es lebe *Hanumân*! Wir wünschen dir den Sieg! Oh *Sadguru*, schenke uns deine Gunst!

38. ***jo shata vâra pâtha kara joî*** I
chhûtahi bandi mahâ sukha hoî II

Wer *Hanumân* anbetet und dieses *Châlîsâ* hundertmal singt, wird befreit und alle Freude empfangen.

39. ***jo yaha padhai hanumâna châlîsâ*** I
hoya siddha sâkhî gaurîsâ II

Wer dieses *Hanumân Châlîsâ* rezitiert, wird erfolgreich sein und *Siddhi* erhalten. Er wird von *Šiva* und *Parvathi*, den Glückverheißenden, gesegnet.

40. ***tulasîdâsa sadâ hari cherâ*** I
kîjai nâtha hridaya maha derâ II

Unter den Verehrern des Herrn steht *Tulasî Dâs* an erster Stelle. Stets ist er dem Herrn zu Diensten. Ich bete, dass der Herr fest in meinem Herzen bleibt!

pavantanaya sankata harana
mangala mûrati rûpa I
râma lakhan sîtâ sahita
hridaya basahu sura bhûpa II

Ich bete zu dir, oh *Hanumân*, der allen Leiden ein Ende macht, dem Glückverheißenden, dem König unter den *Devas*, dem Nachkommen der kosmischen Luft (*Pavan*): Wohne in meinem Herzen zusammen mit Lord *Râma*, Mutter *Sîtâ* und *Lakshmana*.

II. Über den Verfasser

K. Parvathi Kumar, geboren am 7. November 1945 in Vijayawada (Indien), studierte Jura und Wirtschaftswissenschaften an der Andhra Universität von Visakhapatnam, die ihm im Jahre 1997 für seine Verdienste den „Doctor of Letters h. c., D. Lit." verlieh. 2013 wurde er von der Andhra Universität zum Professor ernannt. Dr. K. Parvathi Kumar arbeitet auf der Grundlage der Spiritualität im wirtschaftlichen, kulturellen und sozialen Bereich. Er sagt, dass die Spiritualität keinen Wert hat, solange sie nicht zum wirtschaftlichen, kulturellen und sozialen Gemeinwohl der Menschheit beiträgt.

Neben seiner beruflichen Tätigkeit und den Verpflichtungen als Familienvater führt er Menschen in Indien, Europa, Süd- und Nordamerika auf den *Yoga*-Pfad der Synthese. Seine Lehren sind zahlreich und vielfältig. Sie sind praxisorientiert und dienen nicht der bloßen Information.

Dr. K. Parvathi Kumar hat ein tiefes Wissen in der Symbolik der Weltschriften und ist ein ausgezeichneter Kenner der Astrologie und Homöopathie. In seinen Vorträgen und Seminaren zeigt er Zusammenhänge und Übereinstimmungen zwischen der christlichen Lehre, den *vedischen* Schriften und den theosophischen Büchern von H. P. Blavatsky und Alice A. Bailey. Seine Themen umfassen die Bereiche Meditation, *Yoga*, Astrologie, Heilen, Farbe, Klang, Symbolik, Zeitzyklen, vergleichendes Studium der Weltschriften usw.

Diese Arbeit übt Dr. K. Parvathi Kumar ehrenamtlich aus, denn er sagt: „Weisheit ist kein persönliches Eigentum. Man kann sie nicht besitzen. Es ist wichtig, folgende Werte als Grundlagen des menschlichen Lebens zu verstehen:

- miteinander zu teilen,
- sich füreinander verantwortlich zu fühlen und
- füreinander zu leben."

Der Herausgeber

III. Über den Verlag

Die Edition Kulapati arbeitet im Rahmen des World Teacher Trust e. V., um einen Zugang zur zeitlosen Weisheit anzubieten.

Der World Teacher Trust wurde im Jahre 1971 von Dr. Ekkirala Krishnamacharya in Visakhapatnam (Indien) ins Leben gerufen. Heute ist Dr. K. Parvathi Kumar Präsident des internationalen World Teacher Trust. Mehr als 18 Jahre arbeitete er mit Dr. Ekkirala Krishnamacharya zusammen und begleitete ihn auf seinen Reisen durch Europa.

Um die geistige Synthese zwischen Ost und West zu fördern, wurde der World Teacher Trust auch in Europa und Amerika gegründet.

Die Edition Kulapati veröffentlicht die deutschen Übersetzungen der Bücher dieser beiden großen Lehrer der spirituellen Wissenschaften. Die Veröffentlichung der Bücher wird durch freiwillige Mitarbeit von Personen ermöglicht, die dem World Teacher Trust nahestehen. Die Einnahmen aus der Verlagstätigkeit werden nur für die Veröffentlichung neuer Bücher und für Folgeauflagen verwendet.

Die Bücher können über den Buchhandel bezogen werden oder direkt bei „Synergia Auslieferung“ in 64380 Roßdorf, Industriestr. 20 unter:

http://www.synergia-auslieferung.de
oder
http://www.kulapati.de

Von Dr. Ekkirala Krishnamacharya sind in deutscher Übersetzung bei der Edition Kulapati im World Teacher Trust die folgenden Bücher erschienen:

- DAS BUCH DER RITUALE
- DER WELTLEHRER – DIE ANKUNFT VON LORD KRISHNA
- DER YOGA DES PATANJALI
- DIE WEISHEIT DES PYTHAGORAS
- DIE WEISHEIT DES STERNENHIMMELS
- DIE WISSENSCHAFT DER HOMÖOPATHIE
- EINWEIHUNG
- MANDRA GITA – EINE BHAGAVAD GITA FÜR DAS WASSERMANNZEITALTER
- MEDITATION ZUM VOLLMOND
- MEISTER CVV
- MUSIK DER SEELE
- MYSTISCHE MANTREN UND MEISTER CVV

- Opfer des Menschen
- Spirituelle Astrologie
- Spirituelle Psychologie
- Weisheitsgeschichten

Von Dr. K. Parvathi Kumar sind in deutscher Übersetzung bei der Edition Kulapati im World Teacher Trust die folgenden Bücher erschienen:

- Agni – das Feuerritual und seine Symbolik
- Ashram – Regeln für den Eintritt
- Blätter aus dem Ashram — Ashram Leaves
- Das Wassermannkreuz
- Dattatreya – Symbol und Bedeutung
- Der Ätherkörper
- Der Lehrer – Sinn und Bedeutung
- Der Wassermann-Meister
- Der Weg zur Unsterblichkeit – das Venusprinzip
- Die Ehe – das heilige Sakrament
- Die Geheimnisse des Schützen
- Die Lehren von Kapila
- Die Lehren von Sanat Kumara
- Dienst – eine Lebensart — On Service
- Die Sonne – Das Bin Ich
- Die theosophische Bewegung

- GEBETE — PRAYERS
- GESUNDHEIT UND HARMONIE
- GESUNDHEIT UND HARMONIE – Band II
- HERKULES – DER MENSCH UND DAS SYMBOL
- INVOKATIONEN DER VIOLETTEN FLAMME — VIOLET FLAME INVOCATIONS
- JUPITER – DER PFAD DER ERWEITERUNG
- KAPILA UND KARDAMA
- KLANG – DER SCHLÜSSEL UND SEINE BEDEUTUNG
- LICHERFÜLLTE BEGEGNUNGEN
- MANTREN – BEDEUTUNG UND ANWENDUNG (mit Doppel-CD)
- MARS – DER KUMARA
- MEISTER CSG
- MEISTER CVV – SATURN-REGULIERUNGEN
- MEISTER EK – DER LEHRER DES NEUEN ZEITALTERS
- MEISTER MN – DIE FEURIGE FLAMME
- MERKUR – DER ALCHEMIST
- MITHILA – GRUNDLAGEN EINER SPIRITUELLEN ERZIEHUNG
- MOND – DER SCHLÜSSEL
- OKKULTES HEILEN – BAND 1
- OKKULTES HEILEN – BAND 2
- OKKULTE MEDITATIONEN
- OM NAMO NARAYANAYA – BEDEUTUNG, SINN UND ANWENDUNG

- Saraswathi – das Wort
- Saturn – Der Weg zum systematischen Wachstum
- Shirdi Sai Sayings — Worte der Weisheit
- Spiritualität und Geschäftswelt
- Spirituelles Heilen
- Tempeldienst – Eine Einführung
- Über die Liebe
- Über die Stille
- Über Veränderung — On Change
- Uranus – der Alchemist des Zeitalters
- Vidura – Lehren der Weisheit
- Zeit – der Schlüssel